BENJAMIN FLOER

Der magische Morgen und Abend

Morgenroutine und Abendritual für erfolgreiche Erwachsene

Benjamin Floer
http://christliches-zm.de/
http://christliches-zm.de/impressum
2016

Covergestaltung: jimmygibbs, fiverr.com

Herstellung und Druck:
Siehe Eindruck auf der letzten Seite

ISBN-13: 978-1539131380

ISBN-10: 1539131386

Die deutsche Nationalbibliothek verzeichnet diese Publikation in der Deutschen Nationalbibliothek, detaillierte bibliographische Daten sind im Internet über http://dnb.d-nb.de abrufbar.

Disclaimer

Die Inhalte dieses Buches wurden mit größter Sorgfalt erstellt. Für die Richtigkeit, Vollständigkeit und Aktualität der Inhalte können wir jedoch keine Gewähr übernehmen.
Dieses Buch enthält Links zu externen Webseiten Dritter, auf deren Inhalte wir keinen Einfluss haben. Deshalb können wir für diese fremden Inhalte auch keine Gewähr übernehmen. Für die Inhalte der verlinkten Seiten ist stets der jeweilige Anbieter oder Betreiber der Seiten verantwortlich. Die verlinkten Seiten wurden zum Zeitpunkt der Verlängerung auf mögliche Rechtsverstöße überprüft. Rechtswidrige Inhalte waren zum Zeitpunkt der Verlegung nicht erkennbar. Eine permanente inhaltliche Kontrolle der verlinkten Seiten ist jedoch ohne konkrete Anhaltspunkte einer Rechtsverletzung nicht zumutbar.
Bei Bekanntwerden von Rechtsverletzungen werden wir derartige Links umgehend entfernen.

1. Auflage 2016
Covergestaltung: jimmygibbs

Inhaltsverzeichnis

Guten Morgen
(oder Abend)

Was haben Beethoven, Günter Jauch, Heidi Klum und Georg W. Bush gemeinsam?

Sie alle sind Frühaufsteher und haben ein festes Morgenritual.

Dies ist eine auffällige Gemeinsamkeit, die sehr viele, ganz verschieden „erfolgreiche“ Menschen miteinander teilen. Siegmund Freud wollte, möglichst viel Zeit sparen und so bat er seine Frau ihm immer seine Anziehsachen rauszulegen und ihm die Zahnpasta schon auf seine Bürste zu drücken. Beethoven hingegen nahm sich außergewöhnlich viel Zeit für seinen Morgenkaffee und zählte jeden Tag exakt 60 Kaffeebohnen von Hand ab.

Auch für die Abendroutine sind die skurrilsten Praktiken der Reichen und Berühmten bekannt. Mark Twain trank zum Beispiel jeden Abend vor dem Schlafen eine gute Menge Alkohol um besser einschlafen zu können. Die Schauspielerin Blake Lively hingegen isst jeden Abend einige Stücke dunkle Schokolade um sich glücklicher zu fühlen.

Es gibt also sehr ausgefallene und teilweise auch nicht sehr zu empfehlende Morgen- und Abendrituale. In diesem Buch möchte ich dir zeigen, warum auch du unbedingt eine Morgenroutine und ein Abendritual brauchst. Wir schauen uns an wie auch du zum Frühaufsteher werden kannst und warum du das solltest. Anschließend bekommst du Listen mit den Dingen, die in deinen Morgen- und

Abendroutinen nichts zu suchen haben. Mit zwei Baukästen für deine neuen Routinen kannst du dir deine ganz individuelle Morgenroutine und dein spezielles Abendritual bauen. Wie diese Pläne Realität für dich werden betrachten wir am Ende dieses Buches.

Ich wünsche dir viel Freude beim Lesen und beim Entwickeln deiner Morgen- und Abendroutine.

Benjamin - Ich habe Zeit für dich

Warum überhaupt Rituale?

Die Antwort ist einfach. Weil du ein Mensch bist, brauchst du Rituale. Das kann man besonders gut bei Kindern beobachten. Tagelang, wenn nicht gar wochenlang, wollen sie vor dem zu Bett gehen nicht nur die gleiche Sendung, sondern auch, zur Verzweiflung der Eltern, dieselbe Folge im Fernsehen sehen. Oder jeden Abend dasselbe Buch lesen. Morgens wollen sie immer gleich geweckt werden und die Nichtbeachtung der gewohnten Reihenfolge von Saft und Wasser beim eingießen kann leicht zu einem Tobsuchtsanfall führen.
Immer wieder gleiche Abläufe geben unserem Leben halt und ein Gefühl des Geborgenseins. Lange Zeit wurden feste Routinen mit starren Regeln gleichgesetzt und gerieten so in Verruf. wollte sich selbst der Freiheit nicht berauben jederzeit entscheiden zu können was man gerade machen möchte. Routinen können uns jedoch dabei helfen die Dinge, die wir machen müssen, angenehmer zu gestalten. Die meisten Menschen müssen jeden Tag in den Morgenstunden mit der Arbeit beginnen. An vielen Morgenden würde die freie Entscheidung wahrscheinlich dazu führen den Tag anders zu nutzen. Ein Morgenritual bringt dich sanft vom „Bett-Modus“ auf Betriebstemperatur. Aufstehen musst du sowieso, aber du kannst die erste Zeit des Tages mit einem Ritual sehr viel angenehmer gestalten. Ein solcher Start in den Tag wirkt sich auf den Verlauf des Tages bis zum Abend aus. Das ist vergleichbar mit einem Skispringer. Wie dieser sich vom Brett löst und die Schanze hinunterfährt wirkt sich auf seinen ganzen Flug und sogar auf die Landung aus.

Rituale bringen Ruhe in dein Leben, verleihen dir Energie und Motivation. Routinen helfen dir dabei deine Ziele schneller und gut gelaunt zu erreichen. Morgenroutinen und Abendrituale helfen dir, wie dem Springer, besser durch deine Woche zu fliegen. Doch was genau sind Morgen- und Abendrituale?

Was sind Morgenroutinen und Abendrituale?

Ich wette, du hast bestimmt schon eine Morgenroutine und ein Abendritual. Nein?!
Stehst du morgens auf und erledigst folgendes als erstes (Reihenfolge beliebig): Kaffee trinken, waschen und Zähne putzen?
Nein? Dann haben wir viel zu tun ;-)
Ja? Voila, du hast eine Morgenroutine! (Bitte lies trotzdem weiter, denn da werden wir noch mehr raus holen.)
Und abends guckst du vielleicht noch Fernsehen oder liest ein Buch?
Alle Dinge, die du regelmäßig automatisch tust, sind eine Routine. Routinen werden durch einen Trigger ausgelöst. Das heißt eine Sache löst wie automatisiert eine andere Tätigkeit aus. Zum Beispiel: Dein Wecker klingelt und du stehst auf und gehst als erstes ins Badezimmer. Oder du setzt dich aufs Sofa zum fernsehen und nimmst dir unterwegs die Tüte Chips mit.
Auch für deine neuen Routinen brauchst du solche Trigger. Zum Beispiel löst dann der Wecker aus, ein Paar Seiten eines guten Buchs zu lesen, bevor du aufstehst. Oder das Sehen der Nachrichten bringt dich dazu 15 Sit-Ups zu machen.
Jetzt aber genug der Vorreden, lass uns endlich mit deinen neunen Routinen und Ritualen starten.

Wofür stehst du morgens auf?

Viele erfolgreiche Menschen, aus ganz verschiedenen Bereichen, haben eins gemeinsam: Sie sind Frühaufsteher. Der frühe Morgen hat etwas frisches und inspirierendes. Während ich diese Zeilen schreibe ist es 6:14 Uhr. Meine Kinder schlafen (noch) und ich bin bereits seit einer Stunde im Büro. Nach meinem Morgenritual habe ich um 5.40 Uhr begonnen produktiv zu arbeiten. Meine Kinder holen mich gleich zum Frühstück ab und ich habe dann einen großen Teil meiner Büroarbeit für heute erledigt. Ein weiterer Vorteil der frühen Morgenstunden: Ich bin sehr fokussiert, denn nichts und niemand lenkt mich ab. Ich höre nur einige Vögel zwitschern, ansonsten ist Ruhe. Ich bekomme keine Anrufe und habe nicht das Gefühl gerade Zeit mit meiner Familie zu verpassen.
Diese Zeit am Morgen gehört mir und meinem Ritual. Es ist meine ganz persönliche Eigenzeit. Hier darf ich allein sein und allein entscheiden.
Die entscheidende Frage um eher auf zu stehen ist jedoch: „Wofür stehst du morgens auf?"
Was motiviert dich dazu, dein warmes kuscheliges Bett zu verlassen und dein Tagwerk zu beginnen? Ist es nur die „Pflicht", weil du jetzt zur Arbeit darfst. Ja darfst, viele Menschen würden gerne arbeiten und noch lieber deinen Job haben.
Du musst dir selber deiner Motivation bewusst sein. Was willst du in deinem Leben erreichen? Wofür möchtest du Zeit haben? Welches Projekt wirst du heute vorantreiben? Bevor du weiter liest, solltest du diese Fragen für dich beantworten können. Ich lege

jeden Abend fest, was ich morgen erledigen möchte. Diese Aufgabe hebe ich in meiner Aufgabenliste hervor. Wenn dann morgens der Wecker geht, überlege ich kurz was ich heute machen wollte und schon schnelle ich motiviert aus dem Bett. Wenn ich einmal vergessen habe festzulegen was ich tun will, bleibe ich meistens liegen. Denn das Beantworten von E-Mails und abarbeiten kleiner, fast belangloser Aufgaben motiviert mich nicht zum Starten. Dann bleibe ich liegen bis die Kinder aufwachen, auch eine schöne Motivation den Tag zu starten.
„Wofür stehst du morgens auf?“ Was möchtest du erreichen? Wie willst du leben? Das ist nicht nur möglich, sondern auch einfach zu erreichen mit den richtigen Routinen.

Was ist wenn ich ein Morgenmuffel bin?

Ja, es gibt sie: Die wirklichen Morgenmuffel. Meistens sind das die Menschen, die von sich behaupten „Morgens kann man mit mir nichts anfangen. Ich werde erst abends richtig fit." Schön und gut. Aber... arbeitest du denn dann auch abends? Oder verbringst du deine produktivste Zeit des Tages vor dem Fernseher?
Ich selber war nie ein richtiger Morgenmuffel, dazu liebe ich das Leben viel zu sehr und habe meist schon kurz nach dem Aufstehen gute Laune. Doch ich konnte lange Zeit morgens nicht produktiv arbeiten. Ich war davon überzeugt, dass meine beste Arbeitszeit von 23:00 Uhr bis 3:00 Uhr nachts ist. Das hat im Studium auch wunderbar geklappt. Doch seitdem ich Kinder habe, bietet sich dieser Rhythmus überhaupt nicht mehr an. Auf der Suche nach einer neuen Arbeitszeit stieß ich auf viele Blogger, die beschrieben wie sie um 5:00 Uhr aufstehen und ihren Tag mit einer Morgenroutine beginnen. Ich habe das dann einfach mal ausprobiert und war schon nach wenigen Tagen hell auf begeistert. Warum ich früher morgens nicht arbeiten konnte? Ich habe zu spät begonnen. Meistens habe ich gegen 7:30 Uhr gefrühstückt und dann etwa 1 Stunde später mit der Arbeit begonnen. Um diese Zeit arbeite ich zwar jetzt auch, aber meistens außerhalb meines Büros. Sowie der späte Abend eine gute Arbeitszeit für mich war, ist es jetzt der sehr früh Morgen. Ich bin wohl ein Kind der Nacht.

Mache dir das Aufstehen so leicht wie möglich. Stelle dir dein Lieblingslied als Wecker, lege deine Anziehsachen am Vorabend raus (oder lass das für dich machen), bereite die Kaffeemaschine vor und überlege dir wofür du aufstehst.

Du sollst natürlich nicht komplett gegen deinen Bio-Rhythmus arbeiten, aber ich lade dich dazu ein, das frühe Aufstehen zumindest mal einige Tage am Stück auszuprobieren. Deine neu geschaffene Morgenroutine wird dir dabei helfen früher und energiegeladener in deinen Tag zu starten. Deine Tage werden viel produktiver, wenn du nicht erst mittags richtig fit wirst.
Das funktioniert auch, wenn du merkst, dass du wirklich überhaupt kein Frühaufsteher ist. Dann passe deine Morgenroutine entsprechend an und startet deinen Tag zu einer für dich passenden Zeit. Der Wirkung deiner Morgenroutine tut das keinen Abbruch!

Wie entstehen eigene Rituale?

Rituale werden durch Trigger ausgelöst. Das bedeutet, dass eine Handlung eine andere wie automatisiert nach sich zieht. Diese Trigger gibt es zum Beispiel im Körper. Das merkst du zum Beispiel, wenn du jemanden gähnen siehst und selber anfängst. Aber auch viele Entscheidungen treffen wir unbewusst, ausgelöst durch Trigger. Ich bekomme zum Beispiel immer, wenn ich auf dem Sofa sitze, extreme Lust etwas Süßes zu essen. Diesen Trigger habe ich mir über Jahre angewöhnt.
Trigger lassen sich aber auch, und das ist das Wichtige für deine Routinen und Rituale, ganz bewusst setzen und einüben. So könnte man zum Beispiel immer, wenn man eine Klospülung drückt, eine Kniebeuge machen. Da kommt über Tag einiges an Sport zusammen. Meine Morgenroutine wird ausgelöst durch meinen Wecker. Sobald die Lampe neben meinem Bett an geht und meine Uhr am Handgelenk vibriert startet eine eingeübte Routine, die die nächsten 15 Minuten wie automatisch abläuft. Abends gibt es diesen äußeren Trigger nicht. Da ich jeden Tag sehr unterschiedlich lange arbeite, ist der Gedanke „Ich bin müde, jetzt ins Bett." der Auslöser für mein Abendritual. Wie genau meine Morgenroutine und mein Abendritual aussehen erzähle ich dir später. Ich möchte dich damit nicht beeinflussen. Denn du sollst mit Hilfe dieses Buches deine Routinen finden und nicht meine nachbauen.

3 Schritte zum eigenen Ritual:

1) Festhalten

Schreibe als erstes auf wie deine Morgenroutine und dein Morgenritual im Moment aussehen. Was machst du in welcher Reihenfolge nach dem Aufstehen und vor dem Einschlafen?

2) Analysieren

Im zweiten Schritt geht es darum deine bisherigen Gewohnheiten auszuwerten.
Was tut dir gut? (grün markieren)
Was stört dich oder raubt dir Energie? (rot markieren, beachte auch die zwei Kapitel zu Dingen, die in deiner Routine nichts verloren haben)
und was ist ein „Muss“? Zum Beispiel: Zähne putzen, Toilettengang (blau markieren)

3) Testen Testen Testen

Schreibe nun deine grünen Gewohnheiten und deine blauen „Pflichten“ in einer sinnvollen Reihenfolge auf. Jetzt wird es spannend, kombiniere deine bisherigen Gewohnheiten mit neuen Ideen, die dir gefallen, aus den folgenden Baukästen.
Füge immer nur eine neue Gewohnheit hinzu und teste deine neuen Routinen 3 Tage lang. Was funktioniert behalte, alles andere streiche wieder aus deiner Routine.

ACHTUNG: Deine Routinen und Rituale dürfen nicht zu kompliziert werden oder zu lange dauern. Ich kenne Menschen, deren Morgenritual dauert 90 Minuten. Ich empfehle dir insgesamt nicht mehr als 7 Punkte je Routine zu integrieren. Alle Tätigkeiten im Bad zählen dabei als ein Punkt.

Was hat nichts zu suchen in deiner Morgenroutine?

- Stress und Hetze

Dein Morgen gehört dir. Nutze ihn, um entspannt und glücklich in den Tag zu starten. Wenn du schon gehetzt beginnst, wirst du den Stress mit dir durch den ganzen Tag tragen. Nimm dir daher schon am morgen Zeit für Ruhe und Muße.

- Frühstücks-Fernsehen

Als ich noch alleine gewohnt habe, schaltete ich fast bei jeder Mahlzeit den Fernseher ein. Auch morgens machte ich es mir mit meiner Müslischale gerne mit meinen „Freunden" vom Morgenmagazin gemütlich. Inzwischen frühstücke ich natürlich gemeinsam mit meiner Frau und meinen Kindern, dabei hat der Fernseher nicht zu suchen.
Doch auch wenn du alleine lebst, solltest du beim Essen und ganz besonders beim Frühstück auf den Fernseher verzichten. Die Berieselung durch die Flimmerkiste raubt dir direkt am frühen Morgen kostbare Energie. Zusätzlich konzentrierst du dich nicht auf das Essen und schlingst dadurch. Dies führt bei den meisten Menschen zu einer leicht vermeidbaren Gewichtszunahme. Genieße dein Frühstück stattdessen auf dem Balkon oder der Terrasse, lies ein gutes Buch oder höre meinen Podcast ;-)

- E-Mails lesen

Der Wecker klingelt. Ausschalten. Und wenn man das Handy schon mal in der Hand hat, kann man ja direkt mal E-Mails lesen. STOPP!
E-Mails beinhalten vor allem Aufgaben, die andere für dich haben. Wenn du direkt am frühen Morgen deine E-Mails liest, re-agierst du auf die Wünsche anderer und agierst nicht selber in deinem Tag. Außerdem haben viele E-Mails das Potenzial deine Laune direkt zu trüben.

- Zeitung lesen

Zeitungen setzen auf Sensationen und besonderen Anklang bei den Redakteuren finden negative Nachrichten. Dass es jemandem zuhause mit seiner Familie gut geht und er heute Morgen mit seinem Hund spazieren geht, wirst du in keiner Zeitung finden. Das heißt aber nicht, dass die negativen Dinge in der Welt überwiegen. Verzichte am Morgen auf all diese erschreckenden Meldungen.
Ich sage damit nicht, wie es so mancher Blogger tut, dass du dich vom Weltgeschehen abschotten sollst „weil es nicht deine Probleme sind“. Das wäre egoistisch und realitätsblind. Du solltest sogar unbedingt Nachrichten gucken und Zeitungen lesen, aber eben später am Tag.

- Im Internet surfen

Das ist wahrscheinlich der Zeitfresser Nummer eins. Ich kenne das gut von mir: nur mal eben etwas bei Facebook gucken und zack sind 30 Minuten Lebenszeit verschwunden. Zielloses Surfen durchs World Wide Web kann ab und zu der Entspannung

dienen. Aber deinen Tag solltest du fokussiert und nicht ziellos starten.
Zusatztipp: Stelle dir beim Surfen im Internet einen Wecker auf eine festgelegte Zeit und höre auf das Netz zu durchkämmen, sobald der Wecker klingelt.

- Morgenzigarette

Letztens konnte ich wieder beobachten wie Menschen im Schlafanzug und Hausschuhen direkt vom Bett in den Schnee stapften um ihre morgendliche Kippe zu rauchen. Unterbewusst ist dir klar, dass Rauchen eine Sucht ist und kein gesunder Start in den Tag. Du willst ja auch aufhören - irgendwann. Das hier ist kein „Wie werde ich Nichtraucher in 2 Stunden Buch“, aber die Morgenzigarette lässt dich deinen Tag mit einem kleinen Versagen gegen deinen eigenen Willen starten. Das Gefühl des Versagens, und wenn es auch nur 1 Millisekunde ist, prägt deinen ganzen Tag.

- Alles wo du das Gefühl hast „Ich muss das machen.“

Der Morgen gehört dir. Es ist deine Eigenzeit. Hier kann dir kein Chef, kein Partner und auch kein Buch sagen was du tun „musst“. Du entscheidest dich für die Dinge, die dir gut tun und die deinen Tag positiv beeinflussen.

Baukasten Morgenroutine

Hast du deine bisherige Morgenroutine bereits aufgeschrieben, analysiert und die Dinge die dich stören, eliminiert?

Prima!

Dann habe ich jetzt für dich 25 Elemente, die du nach und nach testweise in deine Routine integrieren kannst. Du musst dazu natürlich nicht der Reihenfolge nach gehen. Suche dir einfach die Dinge heraus, die dich ansprechen.

- Lasse dich sanft wecken

Viele Wecker sind schrill und jagen dich richtig aus dem Schlaf. Dein Tag startet schon mit Stress. Stattdessen nutze ich eine Lampe (Phillipps Hue), die einen Sonnenaufgang nachahmt.
Anschließend vibriert meine Uhr (Withings active) um mich endgültig zu wecken. Durch die Vibration komme ich leichter in den Tag und meine Familie schläft ungestört weiter.

- Einfach aufstehen

Die von vielen so geliebte Snoozefunktion des Weckers abstellen. Durch das immer wieder einschlummern war ich mir nie sicher ob bereits drei oder vier Schlummerphasen vorbei waren. Das führte häufig dazu, dass ich nach der letzten Schlummerphase einfach weiter schlief.
Deshalb stelle ich mir jetzt nur noch einen einzigen Wecker. Ich weiß, wenn ich jetzt nicht reagiere,

werde ich verschlafen. Dieses Wissen motiviert enorm dazu auf seinen Wecker zu hören.

- Wasser trinken

Über Nacht verliert der Körper jede Menge Wasser. Wenn du mir nicht glaubst: stelle dich doch einmal abends und am nachfolgenden morgen auf die Waage. Auch wenn du während der Nacht nicht auf Toilette warst, hast du Gewicht verloren.
Dein Körper besteht aber zu einem großen Bestandteil aus Wasser und ist darauf angewiesen. Schon der Abfall des Wasseranteils im Körper um wenige Prozentpunkte lässt deine Leistungsfähigkeit drastisch einbrechen. Trinke deshalb jeden Morgen innerhalb der ersten wachen 15 Minuten 500-1000 ml Wasser. Wenn du magst kannst du auch ein Stück Ingwer oder Zitrone hinzugeben. Das stärkt nebenbei noch deine Abwehrkräfte.

- Sport treiben

Nach dem langen liegen im Bett ist dein Körper möglicherweise an der einen oder anderen Stelle ein wenig verspannt. Die Nachtruhe dient zwar deine Entspannung, aber manchmal hat man sich „verlegen“. Auch ohne das du Einschränkungen spürst ist der Morgen die ideale Zeit für Sport. Denn er hilft deinem Körper dabei wach zu werden, besser als jeder Kaffee. Viele Fitnessstudios öffnen schon in den frühen Morgenstunden. Du kannst aber natürlich auch zuhause einige Übungen machen, zum Beispiel mit der 7 Minuten App. Oder du gehst nur eine kleine Runde spazieren. Ich kenne Menschen, die sich nur einen Hund angeschafft haben, damit dieser sie regelmäßig motiviert spazieren zu gehen.

- Morgengebet

Jeden Tag starte ich mit einem kleinen Morgengebet. Ich mache mir klar, dass mir dieser Tag geschenkt wurde. Ich beginne ihn ganz bewusst mit einem großen Kreuzzeichen und bin dankbar. Anschließend gucke ich mir in der Andachtsapp den Tagesimpuls an.

- Mediation

Meditieren ist zurzeit sehr im Trend. Meditation hilft dir dabei, dir deine Gedanken und Gefühle bewusster zu machen. Es ist gleichzeitig ein Weg zu mehr Ruhe und Entspannung. Es gibt unzählige Anleitungen. Dabei ist Mediation so einfach:

- hinsetzt
- Augen schließen oder auf festen Punkt gucken
- auf den Atem achten
- darauf achten nicht auf zu hören zu atmen
- nicht denken, sondern Gedanken nur kommen und gehen lassen

- Lesen

Gönne dir am Morgen ein inspirierendes Buch. Ich lese zum Beispiel jeden Morgen in einem Fachbuch oder einen der vielen, gespeicherten Blogartikel in meiner App „Pocket“. Über Tag komme ich nicht zum Lesen und abends bin ich für Fachliteratur zu müde. Doch ich möchte gerne jeden Tag ein bisschen was dazu lernen.

- Esse den Frosch (Du musst wissen, was es zu tun gibt)

An Morgenden an denen ich nicht weiß, welche wichtige Aufgabe ich heute erledigen muss, ist die Wahrscheinlichkeit, dass ich länger im Bett bleibe, doppelt so hoch. Deshalb überlege ich mir bereits am Vorabend was die wichtigste Aufgabe am morgigen Tag ist. Manchmal ist das auch die nervigste Aufgabe oder eine Aufgabe, die ich schon lange vor mir her geschoben habe.

"Eat a live frog first thing in the morning and nothing worse will happen to you the rest of the day." - Mark Twain

- Smoothie für den sanften Start

Ein Smoothie bestehet aus püriertem Obst oder Gemüse mit Wasser oder Saft. In einige Rezepte für Smoothies kommen auch Salat, Milch oder Haferflocken.
Der Name kommt vom englischen „glatt" oder „sanft". Ich liebe das Gefühl im Mund.
Der Verzehr eines Smoothies, statt einem großen Frühstück, hilft mir dabei mein Gewicht zu halten und mich mit Vitaminen zu versorgen.

Meine zwei Lieblingssmoothies:

Reine Obstsmoothie

450 g Obst
300 ml Wasser
20 ml Zitronensaft

Füge noch einige Eiswürfel hinzu (wenn dein Mixer das verkraftet) und mache deinen Smoothie so noch smoothiger.

Banane Schoko Smoothie

1 Banane
1 Becher Buttermilch
2 EL Back-Kakao (ohne Zucker)

- Auf den Tag schauen

Jeden Morgen schaue ich auf mein Whiteboard mit meiner Wochenplanung oder in meinen Kalender. Ich schaue auf alles was vor mir liegt. Wo werde ich sein? Wem werde ich begegnen? Wann muss ich wohin los? Und wie komme ich dahin?

Ich bete: „ Guter Gott, vieles liegt heute vor mir. Von vielen Aufgaben und Begegnungen weiß ich schon jetzt. Anderes wird mich überraschen. Lass du mich für beides offen sein. Schenke du mir heute die Geduld Dinge anzunehmen die ich nicht ändern kann, die Kraft Dinge zu ändern, die ich ändern kann und die Weisheit das eine vom anderen zu unterscheiden."

- Ein Visionär sein

„Wer Visionen hat, sollte zum Arzt gehen." - Helmut Schmidt

Unser Alt-Kanzler hat viel Schlaues gesagt in seinem Leben, dieser Satz gehört nicht dazu. Ich glaube es ist wichtig, sich regelmäßig seinen Visionen hinzugeben. Wer nicht weiß wo er hin will, weiß auch nicht in welche Richtung er laufen muss. Mache dir deshalb deine Ziele immer wieder klar. Denke dabei nicht nur an deine Ziele, sondern entwickle eine Vision davon.

- wie wirst du dich fühlen, wenn du das Ziel erreicht hast?
- wie wird es dort aussehen?
- sogar: wie wird es dann riechen?

Je präziser deine Vision ist, desto größer ist ihre treibende Kraft in deinem Alltag. Mache deine Entscheidungen von deinen Zielen und deinen Visionen abhängig!

- Podcast hören

In den USA hört fast jeder Erwachsene unabhängig von seinem Alter Podcasts. In Deutschland sind es deutlich weniger Menschen, aber die Hörerzahl wächst täglich.
Podcasts sind eine Art Radiosendung ohne Musik. Profis und Laien nehmen Shows und Interviews zu allen möglichen Themen auf. Diese kann jeder kostenlos auf seinem Computer oder seinem Smartphone abonnieren und anhören.
Ich höre täglich Podcasts beim Spazieren oder bei der Hausarbeit. So nehme ich nebenbei Wissen zu ganz vielen spannenden Themen auf. Statt zu lesen kannst du mit Podcasts auch in deiner Morgenroutine Wissen tanken.
Probier es aus!

<u>Meine Lieblingspodcasts findest du hier.</u>

Beim iPhone ist die Podcast App bereits vorinstalliert. Für einen Android-Nutzer empfiehlt sich die App „Stitcher“.

- Zeit mit der Familie

Für mich ist es ein ganz hohes Gut Zeit mit meiner Familie zu verbringen. Jeden Morgen, wenn das Frühstück fertig ist, holen mich meine Kinder aus dem Büro. Wir fallen uns lachend in die Arme und gehen gemeinsam ins Wohnzimmer. Das gemeinsame Essen am Morgen, das anschließende Spielen und die Gespräche mit meiner Frau am Frühstückstisch sind für mich der wichtigste Baustein in meiner Morgenroutine.
Auch wenn du nicht zuhause arbeitest, solltest du unbedingt morgens einen Moment Zeit mit deiner Familie verbringen.

P.S. Wenn du so früh aufstehst und zur Arbeit fährst, dass du deine Familie nicht sehen kannst, dann baue diesen Baustein in dein Abendritual ein.

- Etwas schreiben

Der frische Morgen ist ideal dafür, kreative Arbeiten zu machen. Das Gehirn ist noch unbelastet und fit. Nutze diese Zeit um deine Gedanken auf Papier oder auf den Bildschirm zu bringen. Schreibe ein Buch, Tagebuch oder nur starte einen Blog zu einem Thema, dass dich bewegt. Setze dir dafür eine festgelegte Zeit.
Wenn du jeden Morgen nur 15 Minuten schreibst. Dann sind das im Jahr über 91 Stunden Schreibzeit! Da können tolle Werke entstehen.

Dieses Buch hier habe ich zum Beispiel, nach und nach, während meiner Morgenroutine geschrieben.

- Lass die Sonne in dein Herz

Schon einige, wenige Sonnenstrahlen haben eine positive Wirkung auf den Körper: steigert die Abwehrkräfte gegen Krankheiten und fördert deine gute Laune. Sonnenlicht ist wichtig für die Bildung von Vitamin D, regt den Kreislauf und die Verdauung an. Gönne dir deshalb jeden Morgen ein wenig Sonnenlicht. Im Sommer kannst du einfach große Teile deines Morgenrituals auf dem Balkon oder im Garten verrichten. Oder du gehst einige Schritte im Sonnenlicht spazieren.
Im Winter empfehle ich dir diese Tageslichtlampe.

- Kalt duschen

Ich kenne Menschen, die darauf schwören jeden Morgen eiskalt zu duschen. Mir ist das zu krass. Die Idee dahinter kann ich durchaus verstehen: kaltes Wasser regt den Kreislauf an und macht so sehr schnell und ohne großen Aufwand fit für den Tag. Außerdem, so sagen es diese Menschen, würde man den Tag direkt mit einem Sieg über die eigene Komfortzone beginnen. Das Gefühl sich selbst besiegt zu haben, gäbe ihnen Energie.
Ich bin eher ein „Warmduscher“. Manchmal, besonders im Sommer, lasse ich mich auch auf eine Wechseldusche ein. Aber probier es doch einfach mal aus!

- KAFFEE

Dieses Ritual haben wahrscheinlich schon die Meisten in ihrer Morgenroutine. Sogar Menschen, die nicht frühstücken, weil sie meinen dafür keine Zeit zu haben, nehmen sich mindestens die Zeit für einen Coffee to go.
Doch macht Kaffee wirklich wach?

JA! Ich habe das in zahllosen Selbstversuchen erfolgreich getestet. Auch wissenschaftliche Tests belegen die stimulierende Wirkung des Kaffees. Allerdings ist die Wirkung des gelegentlichen Kaffeegenusses größer als bei regelmäßigem Konsum, denn der Körper gewöhnt sich daran. Deshalb verzichte ich regelmäßig einige Tage auf Kaffee, um so die Wirkung für die nächsten Wochen wieder zu steigern.

Stürze dir während deiner Morgenroutine nicht irgendeinen Kaffee in den Kopf. Suche dir eine Sorte, die dir richtig gut schmeckt. Gönne dir auch eine Kaffeemaschine dazu, die deinen Kaffee perfekt zubereitet. Ich habe inzwischen eine Maschine, die mit nur einem Tastendruck sämtliche Kaffeespezialitäten für mich zubereiten kann. Ich gönne mir gerne morgens einen Latte Macchiato oder einen Cappuccino. Der Milchanteil nimmt mir auch den Hunger bis zum Familienfrühstück.
Einige Monate lang habe ich mir meinen Kaffee im Büro aufgebrüht und die Bohnen dafür von Hand mit einer Kaffeemühle meiner Urgroßmutter gemahlen.

Zelebriere deinen Kaffeegenuss!

Übrigens: die Menschen, die Tee für die gesündere Alternative halten, muss ich leider enttäuschen. Denn Tee enthält weniger Koffein als Kaffee und neue Studienergebnisse lassen vermuten, dass das im Tee enthaltene Theanin die Wirkung des Koffeins sogar reduziert.
Wenn du Tee einfach lieber trinkst als Kaffee, kannst du natürlich dabei bleiben.

- Frische Luft

Lüfte jeden Morgen nicht nur deine Wohnung, sondern auch deinen Körper. Verrichte Teile deiner Morgenroutine an der frischen Luft. Die kühle frische Morgenluft lässt Sauerstoff in jede deiner Zellen strömen und gibt dir so Kraft für den Tag. Wer regelmäßig frische Luft atmet, kommt nicht so schnell aus der Puste.

- Bett machen

Starte jeden Tag damit, in dem du direkt nach dem aufstehen dein Bett machst. Diese investierten 5 Sekunden, lassen nicht nur deine Wohnung ordentlicher wirken. Du hast direkt nach dem Aufstehen etwas erledigt. Wenn du diesen Punkt als ersten in deine Morgenroutine setzt, ist es ganz einfach diese direkt nach dem Schlafen zu starten. Einmal begonnen läuft dein Ritual wie automatisch ab, ein Punkt zieht den anderen nach sich her. Das schwierige ist nicht das durchführen der Routine, sondern das beginnen damit. Starte mit dem Betten machen und deine Routine rollt sich ab.

Ein kleiner Nebeneffekt: unser Gehirn ist so gestrickt, dass immer, wenn wir etwas erledigen, ein kleiner Dopaminstoß ausgegeben wird. Das bedeutet: die Erledigung einer Aufgabe macht dich ein bisschen glücklicher. Mit den 5 Sekunden Betten machen, startest du biochemisch gesteuert besser gelaunt in den Tag.

- Sei der Erste

Stehe vor allen anderen, die in deiner Wohnung leben, auf. Wenn du der Erste bist, der wach ist, kann dir niemand in deine Morgenroutine hinein fuschen. Der Morgen gehört dir ganz allein. Du bestimmst was du machst, ohne dass du dabei auf irgendwen achten oder hören musst.

- Sei nicht sprechbar

Als katholischer Seelsorger ist es mein Selbstanspruch immer erreichbar zu sein. Doch als Zeitmanagement Trainer weiß ich, dass das nicht gesund ist. Wer immer für alle erreichbar ist, hat keine Zeit mehr für sich selbst. Inzwischen differenziere ich zwischen „erreichbar sein" und „sprechbar". Ich bin jederzeit über E-Mail und meine Türklingel erreichbar. Aber ich bin nicht jederzeit für jeden sprechbar. Ich gönne es mir mein Handy erst später ein zuschalten. Mein Telefon (iPhone) schalten automatisiert abends in den „Nicht-Stören-Modus" und beende diesen erst morgens um 9 Uhr. Dazwischen bekomme ich keine Benachrichtigungstöne und kann nur von Kontakten angerufen werden, die ich als Favorit markiert habe. Android Nutzer sollten sich die App „Offtime" ansehen.

- Sei Offline

Der Morgen und die Zeit eines Morgenrituals gehört dir, dir ganz allein. Deshalb lass nicht direkt nach dem Aufstehen die Außenwelt an dich heran. Am einfachsten ist das, wenn du dein WLAN so programmierst, dass es beispielsweise erst um 9:00 Uhr angeht. Kappe die Verbindung nach außen und verbinde dich so mit dir selbst.

- Klogang

Ob du willst oder nicht dieser Punkt wird in jedem Fall ein Teil deiner Morgenroutine sein. Ich führe ihn aber auf, damit du dir überlegst wie du diese Zeit gestalten willst. Viele Menschen kann man auf öffentlichen Klos beobachten, die dort am Pinkelbecken auf ihr Handy schauen. Gönne dir diesen kleinen Moment Pause! Möchtest du wirklich andere Menschen mit auf die Toilette nehmen? Konzentriere dich stattdessen ganz auf dich selbst. Und wenn du im Bad gerne etwas lesen möchtest, dann lege dir dort ein Buch hin (gerne auch ein Fachbuch) und ließ jedes Mal ein Kapitel.

- Geh tauchen

Um morgens fit zu werden bilde ich mit meinen beiden Händen eine große Schale. In diese Schale lasse ich eiskaltes Wasser laufen und tauche dann mit meinem Gesicht hinein. Das ist ein wahnsinnig erfrischende Gefühl. Diese paar Sekunden helfen mir auch im Tageslauf mich wieder fit zu machen.

- Zähne putzen

Dieser Punkt sollte unbedingt Teil deiner Morgenroutine bleiben. Einige Mediziner sagen, dass der Körper über Nacht Schadstoffe auch über die Mundhöhle abbaut. Wenn du morgens als erstes etwas trinkst, spülst du diese Abbauprodukte wieder zurück in dein Verdauungssystem. Ich kann nicht beurteilen, ob an dieser Theorie etwas dran ist. Auf jeden Fall gibt das Zähneputzen ein Frischgefühl, macht fit für den Tag und ist gut für deine Mitmenschen.

Meine Morgenroutine

An sechs Tagen in der Woche weckt mich meine Lampe (Phillips Hue) und meine Apple Watch um 5:00 Uhr in der früh auf. Ich gehe als erstes in die Küche und bereite mir meinen Kaffee zu. Während der Kaffe läuft, trinke ich ein großes Glas Wasser, denn in der Nacht verliert der Körper viel Flüssigkeit. Mit diesem schleiche ich dann durchs Kinderzimmer in mein Büro. Nach einem kurzen gang ins Bad ziehe ich meine am Vorabend im Büro zurechtgelegten Klamotten an.

Dann schaue ich ein inspirierendes Video aus der „Andachtsapp“ auf meinem Smartphone.
Ich gucke danach in den Kalender und bete. „Herr, du hast mir diesen Tag geschenkt. Vieles, von dem was auf mich zukommt, weiß ich schon. Anderes wird mich überraschen. Lass du mich offen für beides sein, das Bekannte und das Unbekannte. Und vor allem lass mich nie vergessen: Du bist bei mir, egal was geschieht.“

Meistens schaue ich dann noch eine Minute aus dem Fenster. Leider sieht man im Herbst und Winter, um die Uhrzeit, art nicht sehr viel. Dann lese ich etwa 10 Minuten in einem Buch oder in der Pocket App.

Ein wenig Sport gehört auch dazu. Doch eine zu große Herausforderung am Morgen, würde nur dazu führen, dass ich gar nichts mache. Also mache ich drei Kniebeugen und drei Liegestütze. Das sind immerhin 2190 mehr sportliche Übungen jährlich als vor meiner Routine.

Jetzt startet mein Tag richtig. Für jeden Wochentag suche ich mir bei der Wochenplanung die wichtigste Aufgabe raus. Diese erledige ich jetzt. Es folgen alle Aufgaben des Tages, die ich im Büro erledigen kann. Erst, wenn ich dann noch Zeit habe, beantworte ich meine E-Mails.

Meine Kinder holen mich gegen 7:30 Uhr zum gemeinsamen Frühstück. Das ist das absolute Highlight meiner Morgenroutine.
Oft habe ich anschließend Zeit mit den Kindern zu spielen und sie in den Kindergarten zu bringen.

Erst danach beginnt mein Tag außerhalb meines Büros.

Es gibt nur eine Ausnahme von dieser Routine: Wenn ich von meiner Lampe und meinem Vibrationswecker nicht wach werde, schlafe ich logischerweise weiter. Dann holt sich der Körper den Schlaf, den er braucht. Meistens wache ich dann gegen 6 Uhr auf und starte meine Routine.

Und ganz wichtig: Ich habe dann keinerlei Gewissensbisse!

Bevor wir zu den Abendroutinen kommen habe ich noch einen kleinen Hinweis für dich.
Ich biete auf meinem Blog einen 21 Tage Kurs zur Produktivität an. Das beste daran: er Kurs ist komplett kostenlos für dich. Klicke jetzt auf den Link und bestell dir die 21 E-Mails:
http://www.christliches-zm.de/Geschenk

Was bringt mir die 21 Tage Produktivitäts-Challenge?

Du bekommst jeden Tag Impulse und direkt umsetzbare Action-Stepps in dein Postfach. Du kannst so jeden Tag deine Produktivität steigern und Zeit für die Dinge gewinnen, die dir am Herzen liegen.

Wer schreibt die Impulse?

Neben mir gibt es einige weiter Experten, die dir während der Challenge ihr Wissen zur Verfügung stellen:

Thomas Mangold http://selbst-management.biz/

Frank Albers http://www.einfach-effektiv.de

Claudia Kauscheder http://abenteuerhomeoffice.at

Torsten Pretzsch http://www.ausdauerblog.de

Marc Keil http://marckeil.de

Wie melde ich mich an?

Die Challenge ist komplett KOSTENLOS! Ohne wenn und aber.

Trage einfach deine E-Mail-Adresse ein: http://www.christliches-zm.de/Geschenk

Was hat nichts zu suchen in deinem Abendritual?

Endlich zu Hause. Jetzt schnell ins Bett. Nur noch kurz die E-Mail tippen. Hinlegen. Auf die Seite, auf den Rücken, kratzen, noch was trinken, statt Schlaf viel zu viele Gedanken. Nur noch neun Stunden bis zum Wecker. Acht bis zum Aufstehen. Nur noch sieben. Sechseinhalb. Sechs. Fünf.

Umfragen zufolge **leiden 25% der Erwachsenen an Schlafstörungen**. 10% erleben ihren Schlaf als umerholsam. (Robert Koch Institut)
Bei nur einem sehr geringen Anteil der Befragten liegt das Schlafproblem in einer Krankheit.

Ich selber kannte dieses Problem auch sehr gut:

Ich komme um 22.30 Uhr nach Hause und da ich ja eh nicht direkt schlafen kann schaue ich noch ein wenig fernsehen. Wenn der Tag besonders anstrengend war, gönnte ich mir noch etwas Gutes zu trinken und den ein oder anderen Schokoriegel. Das hat nicht nur meinem Schlaf geschadet, sondern auch meiner nicht mehr ganz so schlanken Linie.

Inzwischen habe ich jede Menge geändert in meinem Abendritual. Ich habe Dinge gestrichen und vieles Andere hinzugefügt.

Dein Abendritual beginnt nicht erst, wenn du dich bettfertig machst, sondern umfasst alle Tätigkeiten, die du jeden Abend verrichtest.

Die nachfolgenden Dinge solltest du aus deiner Abendroutine ausradieren:

- Chips, Flips, Cola und Co.

Ja ich weiß, ich bin ein Spielverderber.
Bei vielen Menschen gehört der Snack auf dem Sofa zum guten Feierabend. Schließlich hast du heute viel geleistet und „da kann man sich ja wohl mal etwas gönnen."
Klar kann man das mal! Doch in diesem Buch geht es um deine Abendroutine. Und wenn du jeden Abend fettig isst, wenn du Fett, Salz und Zucker mit Belohnung und Wohlfühlen gleichsetzt, schadest du nicht nur deinem Körper enorm. Auch dein Schlaf leidet unter diesen Essgewohnheiten und damit deine geistige Fitness am nächsten Tag.

Gewöhne dich ein alternatives Snacks:

- Möhrensticks mit Kräuterquark
- Rettich in Scheiben mit Salz
- Salzstangen statt Flips und Chips
- Wasser mit Zitrone oder Waldbeeren satt Cola und Limo

- Dickes Abendessen

Es spricht eigentlich nichts dagegen abends warm zu essen. Für viele Berufstätige ist das einfacher umzusetzen als ein warmes Mittagessen. Achte jedoch darauf dass dein Essen nicht zu spät ist und dass du nicht regelmäßig nur Pizza, Pommes und Döner isst.
Auch hier sind Ausnahmen überhaupt kein Problem. Aber Fastfood darf nicht Teil deiner Routine werden.

Nimm dein Abendessen an einem Tisch und nicht vor dem Fernseher ein. Beim ablenkungsfreien Essen spürst du viel früher ein Sättigungsgefühl und konzentrierst dich besser auf das, für die Verdauung sehr wichtige, ordentliche Kauen.

- Alkohol

Auf die Gefahr hin, dass ich mich wiederhole: Ausnahmen sind problemlos! Doch ich kenne Menschen für die zwei Bier am Abend zu ihrer Abendroutine gehören.
Auch ich neige manchmal dazu mir abends noch etwas gönnen zu wollen. Zwei einfache Regeln helfen mir dann:

- niemals alleine trinken
- niemals ohne guten Grund trinken

- zielloses fernsehen

Fernsehen kann der Entspannung dienen. Überlege dir jedoch bevor du den Fernseher einschaltest, was du dir ansehen möchtest. Schau vorher in einer Fernsehzeitung oder auf entsprechenden Internetseiten nach, was gesendet wird.
Ich selber schaue nur noch Sport und Nachrichten live im Fernsehen. Für Filme und Serien nutze ich Streamingdienste. Dort bestimme ich was wann läuft. So verschwende ich keine Zeit mit sinnlosen Soaps und schlechten Gameshows.

- im Internet surfen (ebenso wie bei der Morgenroutine)

Das ist wahrscheinlich der Zeitfresser Nummer eins. Ich kenne das gut von mir: nur mal eben etwas bei Facebook gucken und zack sind 30 Minuten Lebenszeit verschwunden. Zielloses Surfen durchs World Wide Web kann ab und zu der Entspannung dienen. Aber deinen Tag solltest du fokussiert und nicht ziellos starten.
Zusatztipp: Stelle dir beim Surfen im Internet einen Wecker auf eine festgelegte Zeit und höre auf das Netz zu durchkämmen, sobald der Wecker klingelt.

- Smartphone mit ins Bett nehmen

Aufstehen und aufs Handy sehen. Schlafen gehen und aufs Handy sehen.
So beginnen und beenden immer mehr Zeitgenossen ihren Tag.

Die erste Frage, die man sich morgens stellt: „Was wollen andere von mir?"
Die letzte Frage vor dem Schlafen: „Habe ich alles erledigt?"

Nimm dein Handy nicht mit ins Schlafzimmer und frage dich stattdessen vor dem Einschlafen:

„Was war heute schön?"
„Was habe ich geschafft?"
„Was will ich morgen tun?"

Schaue dabei auf deine Wünsche und nicht auf die Belange anderer!

Jetzt ist aber Schluss mit Moralapostel.

Baukasten Abendritual

Hast du dein bisheriges Abendritual bereits aufgeschrieben, analysiert und die Dinge die dich stören, eliminiert? (siehe vorne im Buch: „Wie entstehen eigenen Rituale“)

Prima!

Dann habe ich jetzt für dich 22 Elemente, die du nach und nach testweise in dein Ritual integrieren kannst. Du musst dazu natürlich nicht der Reihenfolge nach gehen. Suche dir einfach die Dinge heraus, die dich ansprechen.

- Leichtes Abendessen

„Ein leerer Bauch studiert nicht gern“ heißt ein altes Sprichwort. In Anlehnung daran könnte man sagen „ Ein voller Bauch schläft nicht gut“. Wer gesund lebt, achtet auf seine Ernährung, bewegt sich regelmäßig und schläft ausreichend. Achte darauf, dass dein Abendessen deinem Schlaf nicht in die Quere kommt. Anbieten tut sich das traditionelle Abendbrot. Brot ist unheimlich vielseitig mit einer wechselndem Aufschnitt und ab und zu mit einem Salat oder ein wenig Rohkost ist es das perfekte Abendessen. Wichtig ist, dass du schwer verdauliches und fettiges Essen abends vermeidest.

- Lesen

Vor dem Fernseher einzuschlafen tut nicht gut. Besonders dann nicht, wenn du später noch einmal aufstehen musst um ins Bett zu gehen. Lege dich stattdessen etwas eher ins Bett und gönne dir 30 Minuten mit einem schönen Buch. Um dein Gehirn zu entspannen, sollte das lieber ein Roman oder ein Krimi sein statt einem Fachbuch.

- Gebet/Mediation

Lasse vor dem Einschlafen den Tag noch einmal an dir vorüberziehen. Das kannst du entweder in Stille tun. Dann gönne es dir einfach einmal nichts zu tun und nichts zu müssen. Schon 5 Minuten nichts tun ist oft eine Herausforderung. Doch wenn du dich daran gewöhnt hast, liegt darin ein unheimliches Potenzial. Du kannst einen Tag aber auch in einem freien Gebet zusammenfassen oder jeden Tag dasselbe Gebet sprechen wenn du den Tag beendest.

- Ein Bildschirm Regel

Ich verfolge inzwischen eine konsequente ein Bildschirm Regel. iPad oder Handy. Computer oder iPad. Über Tag kann ich diese Regel auch problemlos einhalten, doch abends auf dem Sofa erwische ich mich dabei wie ich zusätzlich zum Fernseher auf mein Handy schaue. Wenn mir das bewusst wird, entscheide ich mich für ein Gerät und schalte das Andere sofort ab. Entweder ich möchte entspannen oder ich möchte an etwas arbeiten. Beides gleichzeitig tut weder meiner Arbeit noch mir gut.

- Bildschirm Sperrstunde

Überlege dir ab wie viel Uhr du keine Bildschirme mehr nutzen möchtest. Diese Zeit hängt von deiner

Schlafenszeit ab und sollte spätestens 30 Minuten vor dem einschlafen starten. Lass dich am Besten mit einem Wecker daran erinnern. Sehr wirkungsvoll ist es auch den Fernseher an eine Zeitschaltuhr anzuschließen und den Computer so zu programmieren, dass er sich zu einer bestimmten Zeit von alleine runterfährt.

- Körperübungen im Bett

Um den Körper zu entspannen und langsam auf den Schlaf vorzubereiten, eignen sich sehr gut Meditation, Progressive Muskelentspannung nach Jacobsen und Autogenes Training.
Setze diese Übungen regelmäßig ein um gut in den Schlaf zu finden.

- Alternatives Schäfchenzählen

Beim Zählen von Schafen zum Einschlafen fehlt mir der tiefere Sinn. Doch wenn ich überhaupt nicht einschlafen kann, mache ich eine ähnliche Übung. Ich versuche mich an alle Türen zu erinnern, durch die ich heute gegangen bin. Mit dieser Methode schaue ich zurück auf den Tag und gewinne durch den skurrilen Blickwinkel einen wohltuenden Abstand zu allem Erlebten.

- Ordnung schaffen

Vor dem zu Bett gehen ein wenig aufzuräumen hilft dabei runterzufahren und ermöglicht es sich beim Aufstehen über eine ordentliche Wohnung zu freuen. Besonders dein Schlafzimmer sollte als Ort der Ruhe stets aufgeräumt sein. Unerledigte Dinge, wie volle

Wäschekörbe, haben in der Schlafumgebung nichts zu suchen.

- Frühstück vorbereiten

Wenn du am nächsten Tag ein Frühstück im Bett genießen möchtest, stelle dein Wecker 2 Stunden eher, mache dir dein Frühstück, stelle es auf deinen Nachttisch und leg dich noch einmal hin bis du aufstehen muss.
Naja, das ist natürlich Blödsinn. Aber wenn du dir in Zukunft abends schon dein Frühstück vorbereitest und vor allem deine Kaffeemaschine sofort startklar ist, legst du eine gute Basis für einen angenehmen Start in den Tag.

- Bereite den morgigen Tag vor

Lege dir Anziehsachen und Arbeitsmaterialien, die du morgen brauchst, bereits am Vorband raus. Dieses Element deines Abendrituals verschafft dir Zeit für dein Morgenritual.

- Übe dich in Dankbarkeit

Jeden Tag gibt es unzählige Dinge, für die du dankbar sein kannst. Jeden Tag erlebst du schöne Dinge, auch dann, wenn negative Erfahrungen und Emotionen diese überdecken. Setze dich abends hin und verschiebe deinen Fokus auf diese positiven Erfahrungen. Schreibe dazu drei Dinge auf, für die du heute dankbar bist. Nutze dazu ein kleines Notizheft. Und wenn dir einmal nichts einfällt, weil du der Überzeugung bist, heute gab es nichts Positives, dann blättere ein paar Seiten in deinem Buch zurück und fang an zu lesen. Dein Leben bietet unglaublich viel Schönes!

- Erfolgstagebuch

Immer wieder gibt es Phasen im Leben wo man denkt „Ich kann nichts.“ oder „Ich mache alles falsch.“ Für diese Momente ist es gut ein Erfolgstagebuch zu haben, in dem du nachlesen kannst was du schon alles Großartiges geleistet hast.
Dazu musst du so ein Tagebuch natürlich erst einmal erstellen. An Tagen, an denen du einen großen Erfolg feiern durftest, schreibst du diesen abends in dein Erfolgstagebuch. Dieses Buch ist nicht irgendwann fertig geschrieben, sondern wird immer wieder ergänzt. So wird dieses Buch zu einer fortlaufenden Geschichte deiner Erfolge.
Um dein Buch zu Beginn schnell zu füllen, frage morgen die drei Menschen, mit denen du am meisten Zeit verbringst, worin du besonders gut bist und welche Erfolge du bereits feiern durftest. Es ist zu Beginn schwierig sich selbst zu loben, deshalb lass das andere für dich machen.

- Kauf dir einen herkömmlichen Wecker

Dein Handy hat in der Nähe von deinem Bett nichts zu suchen. Basta!
Kaufe dir einen Wecker, damit du dein Smartphone nicht brauchst um aufzustehen. Das kann ein ganz herkömmlicher Wecker sein oder auch eine Uhr die dich per Vibrationen am Handgelenk weckt.

- Den Tag reflektieren

Schau jeden Abend auf deinen Tag zurück und stelle dir dieselben Fragen. Durch die Wiederholung der immer wieder selben Fragen kannst du eine Entwicklung erkennen. Halte deine Antworten schriftlich fest, so kannst du auch nochmal nachlesen und sehen wie du dich verändert hast.

Beispielfragen:

- Wie geht es mir gerade?
- Wofür möchte ich heute danken?
- Was hat heute geklappt?
- Was durfte ich heute lernen?
- Was möchte ich morgen anders machen als heute?

- Gebet der liebenden Aufmerksamkeit

Eine spezielle Möglichkeit des Tagesrückblicks ist das „Gebet der liebenden Aufmerksamkeit“ von Ignatius. Dieses Gebet ist Bestandteil der ignatianischen Exerzitien.

- Nimm dir dafür etwa 10-15 Minuten Zeit.
- Suche dir einen festen Ort, an dem du zur Ruhe kommen kannst und ungestört bist.
- Mach dir bewusst, dass Gott jetzt bei dir ist, um mit dir auf deinen Tag zuschauen.
- Gehe den Tag Stunde für Stunde durch und betrachte alles was du erlebt hast - ohne zu werten. Schau dir die letzten 24 Stunden an wie ein Kameramann. Du stellst nur dar was war, ohne direkt in die Kategorien gut und schlecht zu verfallen. Achte stattdessen auf die Gefühle, die

das Erlebte in dir auslösen. Was war tröstend, beängstigend, hoffnungsvoll oder lustig?
- Lege alles Erlebte anschließend in Gottes Hand. Bitte ihn um Trost oder Vergebung. Danke für alles Gute und Gelungene.
- Schaue auf den nächsten Tag und deine Pläne. Komm darüber mit Gott ins Gespräch.
- Schließe mit einem Vater unser.

- Den morgigen Tag planen

Schaue vor dem zu Bett gehen auf deinen Kalender und deine Aufgabenliste. Hebe zwei Aufgaben hervor, die du morgen in jedem Fall erledigen möchtest. Diese Aufgaben müssen so wichtig sein, dass es auch ein gelungener Tag ist, wenn du sonst nichts erledigt bekommst.
Wenn du weißt was du morgen schaffen möchtest, bist du gut vorbereitet für scheinbar extrem wichtige Anliegen die von außen an dich herangetragen werden. Du bestimmst über deinen Tag, du allein.

- Zähne putzen und waschen

Die körperliche Hygiene sollte natürlich auch weiterhin fester Bestandteil deiner Abendgestaltung sein. Lege fest ob du damit deine Abendroutine beginnst oder beendest. Ich kenne Menschen, die sich ganz bewusst die Zähne putzen bevor sie sich abends auf die Couch setzen. So halten sie sich selber davon ab aus Gewohnheit zu Knabbereien zu greifen.

- Duschen oder Baden

Eine warme Badewanne am Abend oder eine entspannte Dusche mit wohlriechenden Seifen hilft dir dabei abzuschalten und den Tag hinter dir zu lassen. Außerdem gewinnst du so morgens jede Menge Zeit, die du sonst zu Körperpflege und Haare trocknen benötigen würdest.
Diese gewonnene Zeit kannst du nicht mehr länger schlafen, sondern für dein ausgebautes Morgenritual nutzen.

- Spülmaschine

Jeden Abend vor dem Schlafengehen starten wir die Spülmaschine. Und jeden Morgen, wenn wir in die Küche kommen, räumen wir das saubere Geschirr aus. Das Einräumen der Spülmaschine ist ein wichtiger Bestandteil meiner Abendgestaltung. Dadurch ist nicht nur alles ordentlich für den nächsten Tag, sondern ich nutze diese Zeit ganz bewusst um zu schauen welche Dinge des heutigen Tages ich auch gerne wegräumen möchte. Die Reinigung meines Geschirrs ist ein Sinnbild für meine Reinigung. Was von dem heutet Erlebten will ich weg sperren? Wo will ich etwas be-säubern?

- Tee trinken

Tee trinken vor dem Schlafen ist gesund. Natürlich sollst du keinen Schwarztee trinken aufgrund seiner aufputschenden Wirkung. Greife stattdessen zu einem Kräutertee. Diese Teesorten beinhalten oft Essenzen, die einen geruhsamen Schlaf ermöglichen. Das können Baldrian, Melisse, Hopfen oder Orange sein.

Genieße den Tee ohne Ablenkungen und schau dabei einfach aus dem Fenster. Die warme Flüssigkeit im Magen wärmt dich von innen und lässt dich so besonders gut einschlafen.

- Horlicks

Achtung: Dieses Element für ein Abendritual eignet sich nur für Menschen, die nie zunehmen oder unbedingt zunehmen wollen!

Wenn du es nicht täglich praktizierst, sondern nur an Tagen, an denen du dich im Bett hin und her wälzt und überhaupt nicht einschlafen kannst, schadet es deiner Waage nicht.

Horlicks kenne ich von meiner englischen Verwandtschaft. Es ist ein malzhaltiges Milchgetränk und wird aus Pulver angerührt. Von der Wirkung bin ich immer wieder fasziniert. Horlick ist so schwer, dass es sofort alles Blut in den Magen zieht und so unmittelbar müde macht. Wenn ich mir früher mal einen gegönnt habe, habe ich ihn immer direkt im Bett getrunken und bin meist, bevor ich die Tasse aus trinken konnte, eingeschlafen, ganz egal wie aufgewühlt ich vorher war.

- Das Bett als Ruheoase

Dein Bett solltest du nur zum Schlafen nutzen. Besonders Arbeit hat in deinem Bett nichts verloren. Lasse deshalb Tablet und Smartphone nicht in dein Schlafzimmer. Lesen kannst du zuvor im Wohnzimmer. Auch Filme solltest du nicht im Bett schauen, da diese dich aufwühlen. Das ins Bett legen, wird so zu einem deutlichen Zeichen für deinen Körper, dass jetzt Ruhe und Schlaf dran sind. Wenn du diese Regel radikal beachtest, wirst du schon nach kurzer Zeit deutlich schneller einschlafen.

Mein Abendritual

Um 22:00 Uhr mache ich alle Bildschirme aus. Daran erinnert mich ein Vibrationswecker am Handgelenk.

Ich schreibe mir dann meine wichtigste Aufgabe für morgen früh auf. Bei mir stehen diese Aufgaben auf einem Planungsboard an der Wand, aber ein Zettel auf dem Schreibtisch funktioniert ebenso (vorausgesetzt du hast deinen Schreibtisch in einem Zustand wo du Zettel wieder findest).

Anschließend räume ich noch ein wenig auf, so kann ich mich morgens auf eine ordentliche Wohnung freuen.

Da ich über Tag immer viel zu wenig trinke, setze ich mich hin und trinke noch einen halben Liter Wasser.

Ich setze mich auf meine Bettkante und schaue zurück auf den Tag. Anschließend lege ich alles Erlebte in Gottes Hände.
Tagsüber arbeite ich mit einem Einsatz, als wenn es Gott nicht gäbe, als wenn es nur auf meinen Einsatz ankäme. Und abends lege ich alles in seine Hände, als wenn es mich nicht gäbe.
So ergänzen wir uns prima ;-)

Vor dem Einschlafen lese ich noch einige Seiten und sobald ich müde werde, drehe ich mich zur Seite und schlafe innerhalb weniger Minuten ein.

Halte ich das immer ein? Natürlich nicht, ab und zu erlaube ich mir davon ab zu weichen. Zum Beispiel, wenn ich sehr müde bin oder ein toller Boxkampf kommt. Aber ich bereite immer den nächsten Tag vor und gucke auf den Vergangen dankbar zurück.

Vom Plan zur Routine

Nur vom Planen deiner Morgenroutine und deines Abendrituals, hast du noch keine neuen Routinen. Eine Routine hast du dann in dein Leben integriert, wenn sie automatisiert regelmäßig abläuft. Doch wie schaffst du es deine geplanten Rituale Wirklichkeit werden zu lassen?

Beginne mit dem Morgen oder mit dem Abend. Beides gleichzeitig in dein Leben zu integrieren würde dich bald stressen und du wirst es nicht schaffen beide Abläufe dauerhaft in dein Leben ein zu bauen.

Drucke dir deine Liste aus und hänge sie dir gut sichtbar auf. Wenn deine Routine in mehreren Räumen stattfindet, hänge jeweils einen Ausdruck auf. Es reicht nicht, wenn du deine Routine auf deinem Smartphone bei dir hast. Du musst deine Routine gerade zu Beginn regelmäßig im Auge haben, ohne dass du dafür ein Programm starten musst. Du musst quasi in deiner Wohnung darüber stolpern.
Am besten wäre es, wenn du deine gedruckte Liste laminierst. So kannst du jeden erledigten Baustein deiner Routine mit einem Folienstift abhaken.

Hänge deine Listen erst ab, wenn du sie problemlos wiederholen könntest, wenn dich jemand aus dem Tiefschlaf weckt. Die schriftliche Liste muss ein Teil von dir werden.

Erzähle von Anfang an anderen von deiner neuen Routine und dem Buch, das dich dazu inspiriert hat ;-)
Das erzählen deiner Pläne macht sie für dich verbindlicher und du verdoppelst so die Wahrscheinlichkeit, dass du es regelmäßig umsetzt.

Innerhalb der ersten sechs Wochen ist kein Abweichen von deiner Routine erlaubt. Nach drei Wochen kannst du den Abend oder den Morgen hinzunehmen. Später sind Ausnahmen durchaus möglich. Routinen sollen dein Leben besser und vor Allem entspannter machen und dich nicht zusätzlich stressen. Das heißt wenn du zum Beispiel abends nach einer Party heim kommst und nur ins Bett willst, dann geh auch nur ins Bett! Es ist dein Leben, du entscheidest. Eine Routine ohne Ausnahme wird zur Qual und Selbstkasteiung.

Kennst du das Gegenteil von anstrengend? - Gewohnheiten

Zu Beginn braucht es zusätzlichen Aufwand und viel Motivation um deine Routinen einzuhalten. Doch wenn sie dir einmal zur Gewohnheit geworden sind, ist es keine Anstrengung, sondern Routinen entspannen deinen Abend und deinen Morgen. Zusätzlich geben sie dir Power für den ganzen Tag, machen dich produktiver, schenken dir zusätzliche freie Zeit und helfen dir klarer zu erkennen wie du leben willst.

Viel Spaß beim Umsetzen deiner Routinen!

Wenn dir dieses Buch gefallen hat, sei so nett und sag es weiter. Erzähle deinen Freunden und Kollegen davon oder gib mir eine Bewertung bei Amazon.

Wenn dir das Buch nicht gefallen hat, sag es mir. Ich sag's auch bestimmt nicht weiter!

Viel mehr Themen zu Selbst- und Zeitmanagement findest du auf:

http://christliches-Zeitmanagement.com

Dort schenke ich dir mein Ebook
Zeitmanagement Apps: endlich mehr Zeit haben

Es gibt zwei wichtige Tools für ein erfolgreiches Zeitmanagement. Beide haben die meisten von uns immer dabei. Das erste wichtige Tool ist dein Gehirn. Das zweite wichtige Hilfsmittel ist dein Smartphone. Damit sparst du schon mit den vorinstallierten Programmen jede Menge Zeit ein. Mit den richtigen Apps kannst du jedoch zusätzlich noch mal um ein Vielfaches produktiver sein.

Ich zeige dir in diesem Buch die besten Apps um dein Smartphone zu einem Zeitmanagement-Taschenmesser zu machen.

Jede App werde ich dir vorstellen und einige Tipps und Tricks verraten um sie ideal in deinem Alltag zu nutzen.

Die meisten genannten Apps gibt es sowohl fürs iPhone als auch für Android. Wenn das einmal nicht der Fall ist, nenne ich eine Alternative für Android-Phone-Besitzer.

Zu jeder App gibt es natürlich auch Alternativen. Ich stelle dir hier aber nur die von mir getesteten und für sehr gut befundenen Apps vor.

Benjamin - Ich habe Zeit für dich

Meine anderen Bücher

Papa hat Zeit: Zeitmanagement für Väter

Die Arbeit läuft nicht davon, während du deinem Kind einen Regenbogen zeigst, aber der Regenbogen wartet nicht, bis du mit der Arbeit fertig bist.“ - chinesisches Sprichwort-

Väter heute wollen erfolgreich im Job sein, Zeit mit den Kindern verbringen, qualitative Eigenzeit genießen, die Ehefrau entlasten, eine glückliche Ehe führen und ihre Freundschaften pflegen.

Diese vielfachen Beanspruchungen führen oft zu einem Gefühl der Überforderung und der „Vater Burnout“ droht.

Das Problem ist, dass unsere Zeit begrenzt ist. Wir können nicht zur selben Zeit entspannt mit einem Buch und einem Bier in der Hängematte liegen und zu gleich mit den Kindern Sandburgen bauen. Wir müssen uns entscheiden und dafür unsere Prioritäten kennen. Natürlich „müssen“ wir arbeiten um unsere Familie zu ernähren und auch um uns selbst zu verwirklichen.

Mit der richtigen Einstellung, guten Gewohnheiten und vielen Tools und Methoden kannst du beides schaffen: Erfolg im Job haben und ein guter Papa sein.

Denn du darfst nie vergessen: Die Zeit mit deinen Kindern kommt nie zurück!

Ich bin Benjamin Floer. Ich bin Seelsorger, Ehemann und natürlich Vater. Wie kann ich da noch Zeit haben um als Autor, Blogger und Podcaster tätig zu sein? Meine Geheimnisse stehen im Buch. Gordon Schönwälder von podcast-helden.de:

"Als geborener Chaot gelang es mir bisher nicht wirklich gut, mir meine Zeit so einzuteilen, dass ich genügend Zeit mit meiner Familie verbringen kann. Die Prozesse liefen noch sehr unsauber, griffen nicht ineinander und waren sich manchmal auch im Weg.

Aber ich merke, dass ich durch eine Veränderung in meinem Mindset und den richtigen Tools deutlich strukturierter bin und in meiner gesetzten Arbeitszeit effizienter voran komme.

Um mein Gehirn zu entlasten und mir Ideen direkt aufzuschreiben, nutze ich Evernote. So verbringe ich deutlich weniger Zeit damit, mich krampfhaft an Dinge zu erinnern, die ich doch machen oder anschauen wollte.

Und was mir jeden Tag aufs neue die Zeit strukturiert ist Todoist.

Dieses Tool hatte ich schon vor Jahren mal auf Empfehlung auf dem Schirm, aber immer wieder verworfen, weil ich immer auf der Jagd nach neuen Tools war, die mir das Leben erleichtern.

Ich bin jetzt sehr dankbar dafür, dass Benjamin mir bei einem gemeinsamen Frühstück die Funktionen und Möglichkeiten des Zeitmanagements damit gezeigt hat.

Und was schaffen diese Tools überhaupt?

Strukturieren sie meinen Tag?

Ja. Aber das ist nicht ihr Nutzen.

Der Nutzen ist, dass ich Zeit gewinne.

Zeit, die ich endlich ohne schlechtes Gewissen fernab von meinem Unternehmen meiner Familie geben kann. Letztens waren wir im Zoo und ich glaube, dass ich nicht einen Gedanken an die Arbeit oder an das, was ich noch machen muss verschwendet habe."

Wie ich die Dinge mit dem Todoist erledige: Mit dem Todoist zur besten Aufgaben-Liste

Dieses Buch zeigt dir, wie du mit dem Todoist viel viel produktiver arbeitest und so viel Zeit gewinnst.
Zeit für die schönen Dinge im Leben.

Um entspannter zu arbeiten und mehr Zeit für die Dinge zu haben, die einem im Leben wichtig sind, ist ein gutes Zeitmanagement unerlässlich. Dabei geht es in erster Linie um eine gute Organisation seiner Aufgaben und seiner Termine. Für beides gibt es ein bewährtes Hilfsmittel. Für die Termine nutzen wir einen Kalender und für die Aufgaben eine To-Do-Liste.
Eine solche To-Do-Liste kann man entweder klassisch mit Papier und Stift führen oder dafür den Computer und das Smartphone nutzen. In diesem Buch geht es um die zweite Variante.
Ich möchte dir gerne ein phänomenales Tool vorstellen, dass dir dabei hilft deine Aufgaben schnell zu erfassen, spielerisch zu verwalten und pünktlich zu erledigen.
Bevor ich beim Todoist gelandet bin habe ich selber viele verschiedene Programme zur Verwaltung meiner Aufgaben ausprobiert. Ich habe mit der Standard Erinnerung in iOS gearbeitet. Ich habe viele Jahre lang mit „Remember the milk" meine Arbeit organisiert und ich habe unzählige andere Apps auf meinem Smartphone installiert, sie getestet und sie wieder deinstalliert. Lange Zeit hatte ich Angst davor mein bewährtes Programm gegen ein neues einzutauschen.

Inzwischen arbeite ich nur noch mit dem Todoist und ärgere mich dabei nur über eine einzige Sache:

warum um Himmels willen habe ich nicht früher gewechselt?

Zeitmanagement für Hirten: mehr Zeit für Seelsorger

Dieses Buch hilft dir mehr Zeit zu haben für die Dinge, die dir wirklich wichtig sind.

Ich glaub an eine Welt, in der Berufstätige und auch Seelsorger Zeit für ihre Hobbys haben, Zeit für sich selbst finden und Eltern Zeit mit ihren Kindern verbringen.

Das alles ist möglich, ohne dass die Qualität deiner Arbeit darunter leidet.

Du bekommst von mir wertvolle Tipps, Methoden und Tricks für ein zu dir passendes Zeitmanagement. Außerdem helfe ich dir deinen Arbeitsalltag erfolgreich zu gestalten, dabei entspannt zu sein und mehr Freude an deinem Beruf zu haben.

Gerade in der Seelsorge neigen wir oft dazu uns selber nach Hinten zu stellen. Ich zeige dir wie du für andere da sein kannst, ohne dich dabei zu vernachlässigen.

Bisher habe ich kein Zeitmanagement-Buch gefunden, dass sich explizit an Seelsorger richtet. Viele Tipps lassen sich aber nicht so ohne weiteres auf unseren Beruf anwenden. Denn es gibt keine Arbeitszeit, keinen Alltag, kein „Fertig“ und auch keinen Feierabend.

Für all das müssen wir selbst sorgen und sind dabei hin und her gerissen zwischen Arbeitgeber, Vorgesetztem, Erwartungen der Gremien und Gruppen, Wünschen der Familie, dem eigenen Anspruch und auch unserer persönlichen Spiritualität.

Über den Autor

Ich bin **Benjamin Floer**. Ich bin Pastoralreferent, Blogger, Ehemann und zweifacher Vater.
Ich arbeite als Seelsorger im Erzbistum Köln.

Ich helfe Menschen dabei ihr Leben aus dem Licht des Glaubens zu deuten und gehe gemeinsam mit ihnen auf die Suche nach Gott.

Inzwischen habe ich sehr viele Bücher über Zeitmanagement gelesen (und einige geschrieben).

Ich betreibe den Blog „christliches Zeitmanagement“.
Mein Blog hilft dir mehr Zeit zu haben für die Dinge, die dir wirklich wichtig sind.
Ich glaub an eine Welt, in der Berufstätige und auch Seelsorger Zeit für ihre Hobbys haben, Zeit für sich selbst finden und Väter Zeit mit ihren Kindern verbringen.
Das alles ist möglich, ohne dass die Qualität deiner Arbeit darunter leidet.

Du bekommst auf dieser Seite wertvolle Tipps, Methoden und Tricks für ein zu dir passendes Zeitmanagement. Außerdem helfe ich dir deinen Arbeitsalltag erfolgreich zu gestalten, dabei entspannt zu sein und mehr Freude an deinem Beruf zu haben.

Benjamin - Ich habe Zeit für dich

23503872R00042

Printed in Poland
by Amazon Fulfillment
Poland Sp. z o.o., Wrocław